그린소재를 이용한

정혜원의 플라워 디자인

정혜원 저

Prologue 프롤로그

사람들은 꽃이 있는 공간에서 더 활기차고 행복감을 느낍니다. 꽃은 공간의 분위기를 바꾸는 놀라운 힘이 있고, 그 변화는 우리 손으로 직접 만들 수 있습니다. 가정의 식탁이나 사무실에 적은 양의 꽃이라도 꽂으며 생활 속에서 꽃과 친해지는 것은 아름다운 일입니다.

한 다발의 꽃을 사서 화병에 꽂는 것만으로도 훌륭합니다. 거기에 더해 조금 더 멋을 내고 싶은 분들을 돕고자 이 책을 준비하게 되었습니다. 특히 환경 문제가 큰 이슈가 되고 있는 시대에 과한 포장재를 걷어내고 자연소재 래핑 테크닉을 이용한 친환경 꽃다발을 만드는 방법들에 초점을 두었습니다.

어렵지 않습니다. 조금만 달리 보면 우리 주변에는 화기로 사용할 수 있는 많은 물건과 다양한 방법이 있습니다. 사용하지 않는 식기가 화병이 되고 산책에서 주워 온 나뭇가지가 꽃을 고정해 줄 수 있는 재료가 되어 꽃 한 송이를 멋지게 장식할 수도 있습니다.

플라워숍에서 쓰고 남은 소재들을 관찰해보면 다시 멋지게 사용할 수 있는 방법들을 찾을 수 있습니다. 물에 닿아도 쉽게 무르지 않는 잎들은 모아서 유리 화병에 넣어주고, 나무의 잔가지들은 화병 안에 넣어 디자인의 일부가 되게 할 수도 있습니다.

꽃과 친해지기 전에 어려운 기술을 먼저 익히기보다는 일상에서 꽃을 즐기고 관심이 생겨 더 알아가고 싶을 때 꽃을 배우길 권해드립니다.

취미로 시작한 꽃이 평생 직업이 되었습니다. 꽃이 주는 무한한 가능성에 감사하며, 꽃은 생명이므로 소중히 다루어야 한다는 가르침을 주신 도쿄마미 플라워디자인스쿨의 선생님들께 감사의 마음을 전합니다.

특별히 마음에 꽃을 품게 하시고 꽃길로 이끌어 주신 영원한 스승 倉成育枝 선생님께 이 책을 바칩니다.

2023년 봄의 문턱에서
정혜원

Hanakubari 하나쿠바리(花くばり)

하나쿠바리는 플로랄폼이나 침봉이 없었던 시대에 동양의 선조들이 다양한 시도를 하여 만들어진 꽃을 고정하고 디자인할 수 있는 소재의 발견에서 시작된 친환경 플라워디자인이라고 할 수 있습니다. 1984년 도쿄 마미플라워디자인스쿨에서는 이러한 노력에서 도출된 미의식에 착안하여 자연에서 얻을 수 있는 나뭇가지, 줄기, 잎, 넝쿨, 뿌리, 돌 등의 모든 자연소재를 사용했습니다. 고정하는 부분마저도 드러내 하나의 아름다움이 될 수 있도록 디자인을 개발해왔습니다.

하나쿠바리 테크닉이 환경을 생각하고 나아가 자연의 아름다운 모습을 더욱 빛낼 수 있도록 디자인하는 데 도움이 되었으면 합니다.

Contents 목차

6   Tool 도구와 부재료
7   Precaution 관리법 및 주의사항
8   Technic 자주 사용하는 테크닉
12   Vase 화기

15 **플라워 디자인**

79 **꽃다발 디자인**

97 **그린소재 테이블 데코**

Tool 도구와 부재료

플라워 디자인 작업을 위해 필요한 도구들입니다. 친환경적인 제품을 사용하고, 최대한 재료 그 자체의 아름다움을 살리는 하나쿠바리 기법을 사용하기 때문에 특별하게 많은 도구가 필요하지 않습니다.

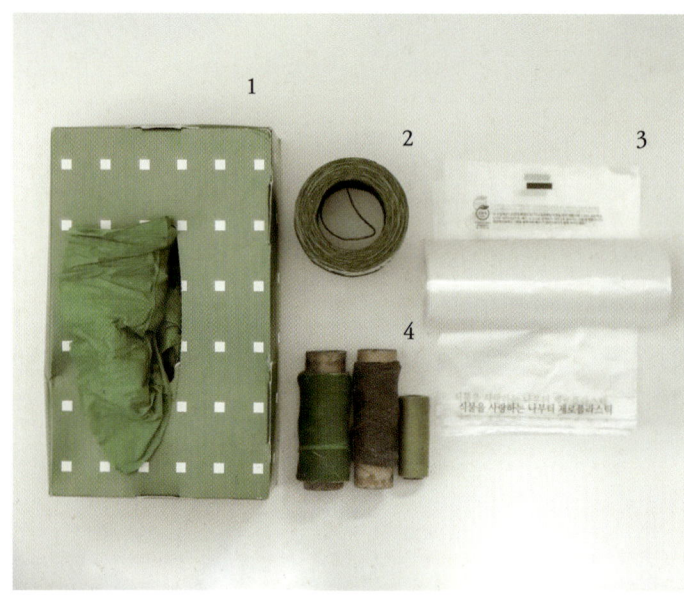

1. 스템티슈
자연소재 꽃다발 포장 시 줄기 부분을 감싸줍니다.

2. 바인드 와이어
꽃다발 마무리에 바인딩 포인트 부분을 묶는 데 사용합니다.

3. 친환경 생분해 봉투
꽃다발의 줄기 부분을 감싸 물을 담는데 사용합니다.

4. 스틱로프, 실
꽃다발 마무리에 바인딩포인트 부분을 묶거나, 스템티슈 고정용으로 사용합니다.

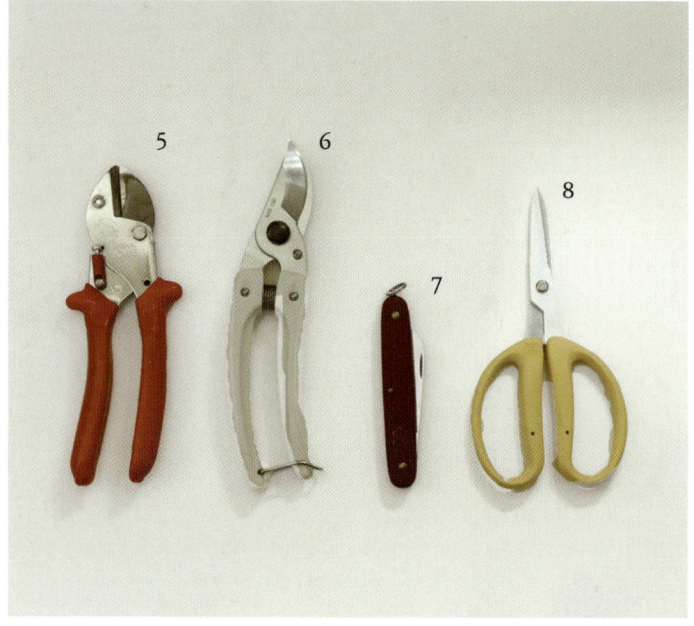

5,6. 전지가위
두꺼운 나뭇가지를 자르는데 사용합니다.

7. 나이프
줄기와 잎을 자르거나 플로랄폼, 스티로폼을 자를 때 사용합니다. 식물의 줄기를 자를 때는 원칙적으로 나이프를 사용하는 것이 물올림을 좋게 합니다.

8. 꽃가위
식물의 가지나 줄기를 자를 때 사용합니다. 한쪽 부분에 홈이 파인 부분으로 와이어를 자를 수 있습니다.

Precaution 관리법 및 주의사항

자연소재인 식물은 하나하나의 형태, 성질이 모두 다르고 계절에 따라서도 변화가 있습니다. 소재, 화기, 꽃이 어우러져 아름다운 작품을 만들었다면 더 오래 볼 수 있도록 관리법을 알아두는 것이 좋습니다.

1. 물 올림

꽃 소재는 물관의 단면이 으깨지지 않도록 예리한 꽃칼로 자릅니다. 물관의 면적을 넓혀 물올림을 좋게 하려면 사선으로 자르는 것이 좋습니다. 줄기에는 적당한 잎을 남겨두어 증산작용을 하도록 유도합니다. 너무 많은 잎이 붙어있으면 흡수량 이상의 수분을 뺏기게 되어 좋지 않습니다.

2. 물갈이

물올림이 끝나고 꽃이 싱그러운 상태로 디자인했다면 장시간 그대로 두지 않는 것이 좋습니다. 더러운 물에 담가둔 채로 두면 절단면으로 박테리아가 발생하여 줄기를 부패시키고 물관이 흡수할 수 없게 됩니다. 계절에 따라 다르지만, 하루에 한 번 또는 이틀에 한 번 화기와 식물을 깨끗이 씻어준 후 식물의 줄기는 2~3cm 잘라낸 후 다시 꽂아주는 것이 좋습니다.

3. 하나쿠바리 테크닉 사용 시 주의사항

자연소재라면 모두 쿠바리의 소재가 되지만 드라이 된 소재가 아닌 신선한 소재를 사용할 경우에는 가능한 물이 닿을 수 있도록 디자인을 해야 합니다.
낮은 화기를 사용하여 꽃을 세울 때는 식물의 줄기를 사선이 아닌 직각으로 잘라야 꽃이 바로서기 좋습니다.

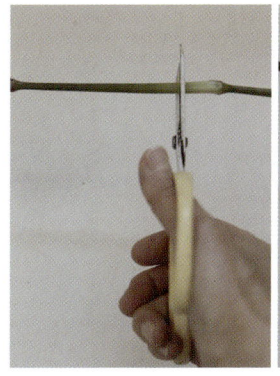 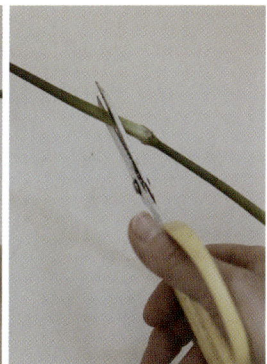

Technic 자주 사용하는 테크닉

1. 나뭇가지 끼우기

플로랄폼이나 침봉을 대신해서 꽃을 세우거나 배치하기 위해 가로질러 끼웁니다. 나뭇가지는 위아래로 두 대를 가로지르거나 크로스하여 고정하면 좋습니다. 단단한 나뭇가지의 경우에는 고정할 지름에 딱 맞추는 것이 좋고 탄력이 있는 나뭇가지는 휘어짐이 있어 조금 더 길게 잘라 사용하는 것이 좋습니다.

2. 대나무 곁가지 쪼개기

대나무 곁가지의 마디를 남겨주고 반을 갈라 사용하면 집게처럼 쓸 수 있습니다. 잎을 접어서 고정할 때와 겹쳐서 고정할 때 이 방법을 사용합니다.

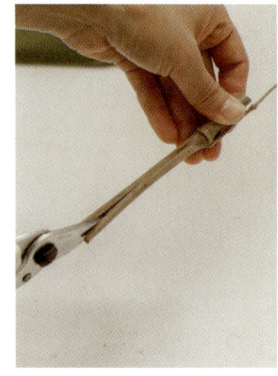

3. 휘감기

얇은 잎을 나뭇가지에 얽어주거나 잎만을 말아 베이스를 만들어 사용합니다.

4. 구부리기

곧은 나뭇가지를 마사지하여 구부려 사용하면 꽃을 지지해 줄 수 있으며 입체감을 낼 수 있습니다. 나뭇가지는 두꺼운 나뭇가지, 얇은 곁가지, 단단하거나 탄력있는 나뭇가지 등 사용할 수 있는 많은 종류의 나뭇가지가 있습니다.

5. 꼬아주기

얇은 잎을 여러가닥 꼬아서 한 줄로 만들어 화기 안에 넣어주거나 화기 밖으로 내주어 꽃을 고정하는 베이스로 사용합니다.
화기 안에 넣어줄 때는 쉽게 무르지 않는 잎을 사용하는 것이 좋습니다.

6. 접기

보통 잎은 주역이 아니라 보조역할로 많이 사용되지만 여러 종류의 잎의 특성을 알면 독창적인 모습으로 모양을 바꾸어 주역으로 사용할 수 있습니다.
얇고 긴 잎은 접어서 여러 장을 겹쳐 꽃을 어레인지 할 수 있는 베이스를 만들 수 있습니다.

7. 꽃다발 만들기

자주 사용하는 테크닉들을 활용하여 콩고잎과 엽란을 이용해 자연소재로 꽃다발을 포장하는 과정입니다.

재료 _ 콩고잎, 엽란, 반다, 다알리아, 안스리움, 백일홍, 마타리, 허브, 이베리스, 아이비

1. 콩고잎 3장을 조금씩 엇갈리게 양면테이프로 붙여줍니다.

2. 제작한 꽃다발을 콩고잎으로 감싸줍니다.

3. 양면테이프로 엽란을 콩고잎 뒤쪽에 붙여줍니다.

4. 엽란 줄기를 마사지하여 꽃다발 앞으로 돌려줍니다.

5. 대나무 곁가지로 엽란 줄기와 콩고잎을 집어줍니다.

6. 와이어페이퍼로 콩고잎과 엽란 줄기 부분을 감아 리본대용으로 씁니다.

Vase 화기

그린소재 디자인에 빠질 수 없는 것이 화기입니다. 어떤 모양인지, 어떤 색깔이나 질감인지에 따라 디자인의 종류는 무궁무진해지기 때문입니다.

1. 유리화기
디자인에 청량감을 더해주거나, 자연소재로 만든 꽃을 고정하는 베이스가 잘 보이도록 하기 위한 디자인에 사용합니다.

2. 황동 및 철제 화기
동서양의 조화로 동양적이면서도 약간의 서양의 분위기를 내고 싶거나, 앤틱하고 중후함을 표현하는 디자인에 사용합니다.

3. 무채색과 갈색의 어두운 화기

꽃과 꽃을 고정하는 자연소재의 베이스 색을 고려했을 때, 동색계열의 화기를 사용하면 무난하게 잘 어울립니다. 그 중 무채색과 갈색의 화기는 어느 색감에도 무난하게 사용할 수 있습니다.

4. 미니화기

작은 화기들은 꽃 한 송이 어레인지먼트에 빼놓을 수 없는 소중한 아이템입니다. 여러 종류의 미니화기를 함께 모아 사용하거나 단독으로 사용합니다.

5. 화이트 도자기

화이트도 꽃과 꽃을 고정하는 자연소재의 베이스가 어떤 색이든 잘 어울리는 색입니다. 따라서 무난하게 사용하지만 특히 깨끗하고 단아한 분위기를 원할 때 사용합니다.

플러스수 김기태 작가의 우드화기
나무의 색, 질감, 결을 그대로 살려 제작된 우드 화기는 같은 자연소재이기에 꽃을 어레인지 했을 때 이질감 없이 하나의 디자인으로 완성할 수 있습니다. 화기를 보고 디자인의 아이디어를 얻을 수도 있습니다.

김태희작가의 한국 도자기
한국의 정서를 모던하게 재해석하여 바느질 된 조각보의 구성과 백자의 모습이 평면적으로 디자인 되었습니다. 입구가 좁은 화기가 필요한 디자인에 사용합니다.

part.1
플라워디자인

플라워와 잘 어울리는 그린소재를
가나다순으로 정리해놨습니다.
흔하지 않은 예쁜 플라워디자인을 찾는 분들에게
안성맞춤입니다.
간결하게 혹은 공간을 꽉채울 크기의 작품까지.
공간이 달라보이는 느낌을 만나보세요.

곱슬버들

곱슬버들은 일년생 가지가 밑으로 처지고 꾸불꾸불하기 때문에 용버들 또는 고수버들이라고 한다. 구부러진 선이 아름다워 한 단을 그대로 유리화기에 넣어 청량감 있게 공간장식을 하기도 한다.

곁가지가 많이 나와 있으며 유연한 곱슬버들은 얇은 가지들을 얽어가며 다양한 형태의 베이스를 만들 수 있다. 곱슬버들의 두꺼운 나뭇가지는 가위집을 내어 화기에 고정시키고 곁가지를 말아 그 사이로 한 송이 꽃을 어레인지했다.

재료 _ 곱슬버들, 수선화

대중들에게 크리스마스 트리, 리스틀에 사용되는 것으로 알려진 구상나무는 겨울철 플라워 어레인지에도 베이스로 자주 사용되는 식물이다.

구상나무

복수의 화기를 사용해 한쪽을 구상나무 밑부분을 반으로 갈라 화기에 꽂아주었다. 다른 화기에 구상나무를 의지해 수선화 한 송이가 우뚝 서게 하여 봄을 맞이하는 수선화의 모습을 연출했다.

재료 _ 구상나무, 수선화

글로리오사

글로리오사는 나비처럼 날아올라갈 듯한 꽃잎이 매력적인 꽃이다. 가만히 들여다 보면 그 아름다움이 배가 되며, 돌돌 말아 올라간 잎 끝은 덩굴식물처럼 모양이 아름다워 그린소재로도 사용하기도 한다.

덩굴성 식물인 글로리오사의 줄기는 얇지만 힘이 있어 세워서 고정하기 좋으며 잎 끝이 말려 감기는 특징이 있다. 글로리오사의 아름다움을 강조하기 위해 줄기의 곧은 선을 살려 주었고 글로리오사의 말려들어간 잎 끝을 연결하여 서로 의지하며 서 있는 사람을 표현하였다.

재료 _ 글로리오사, 곱슬버들

글로리오사

높은 곳에서 자유롭게 나는 새처럼 글로리오사를 연출했다. 이를 위해 높은 유리화기에 꽃을 구성하였고 에버그린을 유리화기 주변에 깔아 글로리오사가 쉽게 고정될 수 있도록 하였다.

재료 _ 글로리오사, 호접란, 에버그린

나도밤나무

잎이 밤나무 잎을 닮았다 하여 지어진 나도밤나무. 9월에 붉게 익는 열매는 가을 어레인지먼트 열매류에 빼놓을 수 없는 소재 중 하나이다. 덩어리감이 있어 무리 지어 사용하기 좋다.

나도밤나무 열매는 열매가 갈래갈래로 얇게 분포되어 있어 모아서 사용하면 좋다. 열매가 가진 형태를 보며 화기 입구에 밀집해서 걸쳐준 후 줄기가 얇은 소재를 사용하여 열매 사이사이에 꽂아가며 디자인했다.

재료 _ 나도밤나무 열매, 마트리카리아, 무스카리, 코스모스, 니겔라 꽃시장에 나오는 느티나무는 거의 잎이 붙어있지 않은 나뭇가지로 유통된다. 잔가지가 많은 느티나무는 그 쓰임새가 많아 가지들을 모아 꽃을 꽂을 수 있는 베이스로 만들 수 있다. 물에 담갔다 유연해지면 가지 하나하나를 살려 나무 자체의 선들을 표현하기 좋다.

느 티 나 무

느티나무의 주가지에서 나온 곁가지들을 잘라 모은 후 사각 화기에 사각 프레임을 가지들끼리 얽어가며 만들고 스틱로프실로 고정한 후 다양한 열매로 사각리스 어레인지를 하였다.

재료 _ 느티나무, 오가피, 노박덩굴, 작살나무, 찔레열매, 미국자리공, 줄풍선초, 브리오니아

느티나무

입구가 좁고 긴 우드화기에도 충분히 꽃을 넣을 수 있도록 작업했다. 나무소재라 물이 닿으면 안 좋은 단점은 있지만, 같은 자연소재를 사용함으로써 하나가 된 디자인을 만들 수 있다.

재료 _ 느티나무, 호접란, 백일홍, 오니소갈룸, 산딸나무, 신지매, 클레마티스

물을 좋아하는 능수버들의 1년생 잔가지는 황록색을 띠며 유연하고 길게 늘어진 가지를 유용하게 사용할 수 있다. 구조물의 베이스를 만들 때 그물망을 짜거나 유연하게 휘어지는 모습은 그대로 플라워 디자인에 흐름을 주는 데도 사용이 가능하다.

능수버들

능수버들을 이용해 디스플레이에 활용할 수 있는 자연식물 화기를 만들었다. 안에 물을 담을 수 있는 유리 화기가 들어있어 계절마다 생화를 담을 수 있다. 그린 색을 띠고 있지만 점점 마르면서 갈색으로 변하며 변화하는 모습을 감상할 수 있다.

재료 _ 능수버들, 맨드라미, 망개나무 열매, 이끼

담쟁이덩굴

건물 외벽에 타고 오르며 잎을 내는 담쟁이덩굴은 여름엔 푸르고 가을엔 단풍들어 그 분위기가 멋스럽다. 꽃시장에서는 유통이 되고 있지 않으므로 가을에 물든 담쟁이덩굴에서 떨어진 잎을 사용해 어레인지하면 좋다.

단풍든 담쟁이덩굴 잎과 잘 어울리는 앤틱 화기로 낙엽이 지는 모습을 연출한 가을 어레인지먼트이다. 담쟁이덩굴과 레드 계열의 꽃 소재를 곁들여 공간에 가을 느낌을 더해 주었다.

재료 _ 담쟁이덩굴, 모카라, 꽃무릇, 헬레니움

시장에서 대국도로 불리는 파초일엽은 양치류의 관엽식물로 이국적인 분위기의 그린소재로 많이 사용된다. 연녹색으로 광택이 있는 대국도는 옆라인의 웨이브가 아름다워 그 라인을 강조할 수 있으며 잎맥을 제거하면 부드러워 말아서 사용할 수도 있다.

대국도

입구가 넓고 낮은 우드화기를 사용해 넓은 면적을 효율적으로 쓰기 위해 대국도로 주름을 잡아 드라이 시킨 후 화기 입구에 단면을 만들어 주었다. 그 안에 벨클레마티스를 꽂아 정면에서 볼 때 라인이 돋보일 수 있게 디자인했다.
입구가 넓은 우드화기 안이 확실하게 들여다 보이거나 또는 확실하게 보이지 않도록 방법을 찾는 것이 포인트이다.

소재 _ 대국도, 벨클레마티스

대국도

웨이브가 있는 대국도잎의 주맥을 중심으로 모아주면 그 모양이 참 아름답다. 사각 화기를 경사지게 한 후 화기를 메꾸듯 대국도를 모아 양쪽으로 넣어주고 중앙에있는 대국도의 옆면에 힘을 받아 봄의 구근식물인 무스카리를 알뿌리 그대로 노출되도록 담아 어레인지 했다.

재료 _ 대국도, 무스카리

천년죽, 홍죽은 원예에서 드라세나라고 불린다. 잎의 색이 화려하여 포인트를 주기 위한 어레인지먼트로 사용할 수 있으며, 낱장 하나하나를 접어서 꽃을 고정할 수 있는 베이스로 사용해도 좋다. 잎 앞면은 광택이 나고 진녹색 바탕에 중앙에 유백색의 세로선이 있으며 사이사이에 녹색이 끼어 있는 것이 특징이다.

드라세나

드라세나잎을 한 장씩 접어 여러 겹을 만든 후 대나무 곁가지로 고정하고 몇 송이의 꽃을 꽂아 어레인지했다.

재료 _ 드라세나잎(홍죽), 프리틸라리아, 매발톱

드라세나

정면으로 봤을 때 낮은 원통형 핸드타이드 분위기가 나도록 디자인했다. 플로랄폼을 사용하지 않기 위해 드라세나잎을 접어서 사용하였으며, 고정용 도구를 사용하지 않고 자연소재를 사용하면서도 라인이 형성될 수 있도록 했다.

재료 _ 드라세나잎(카푸치노), 알케밀라몰리스, 클레마티스, 투베로사

드라세나

다가오는 여름 시원하게 볼 수 있는 센터피스 디자인이다. 잎모양이 얇고 긴 드라세나(마지나타)의 장점을 살려 서로 묶어주고 그 틈으로 꽃을 꽂아 제작했다. 적은 소재로도 우아함이 돋보일 수 있는 모습을 확실하게 보여주는 작품이다.

재료 _ 드라세나(마지나타), 클레마티스, 프리틸라리아

드
라
세
나

입구가 좁은 미니 달항아리에 나뭇가지 다발을 만들어 화기 안에 넣어준 후 마지나타 잎은 낱개로 잘라 나뭇가지에 꽂고 라인을 세워준다. 꽃은 화기 입구에 닿지 않도록 어레인지했다.

재료 _ 드라세나(마지나타), 클레마티스, 사루비아, 마오리소포라

드라세나의 잎을 사용하고 남은 잎자루를 그대로 살렸다. 화기 입구가 좁고 넓은 곳에 드라세나 잎자루 세 개를 나란히 두고 가로 라인을 맞춰 잘라주고 홈이 파여있는 잎자루 부분에 물을 넣어 작은 꽃들을 어레인지 하였다.

재료 _ 드라세나(홍죽), 스톡, 아킬레아, 이끼시아, 클레마티스, 플록스, 아이비

드라세나

레몬잎

여름철에 약 1달 정도의 휴식 기간을 제외하고는 계속 볼 수 있는 레몬잎은 플라워 디자인의 전체적인 윤곽을 잡아주는 데 중요한 역할을 하는 그린소재이다. 잎은 모양이 큰 것부터 작은 것까지 다양하게 있으며 각 용도에 맞게 사용할 수 있다.

잎 하나하나의 부피감을 살려 접은 레몬잎을 대나무 곁가지로 사용해 리스 형태처럼 모아 테이블 센터피스를 제작했다. 낮은 화기에 꽃을 어레인지하고 작은 꽃들을 꽂아주면 멋스러운 센터피스 디자인이 탄생한다.

재료 _ 레몬잎, 스위트피, 물망초, 라그라스, 라넌큘러스(버터플라이), 이베리스, 투베로사

레몬잎을 여러 장 접어 겹친 뒤 대나무 곁가지에 꽂아가며 가로로 잎들이 모아지도록 고정한 후 여러 개의 작은 화기들을 나란히 모아 레몬잎 사이에 꽃을 어레인지했다.

재료 _ 레몬잎, 아네모네, 옥스퍼드, 자스민, 대나무 곁가지

레몬잎

레몬잎

잎에 힘이 있는 레몬잎만 따로 모아 수형이 아름다운 나뭇가지에 꽂아 꽃을 지지하는 베이스로 디자인했다.

재료 _ 레몬잎, 아네모네, 라넌큘러스 (버터플라이)

레몬잎

레몬잎의 부피감을 이용한 디자인이다. 반으로 접은 레몬잎 여러 장을 대나무 곁가지로 잡아 샴페인 글라스에 고정시킨 후 프리틸라리아의 선을 강조하여 어레인지 했다.

재료 _ 레몬잎, 대나무 곁가지, 프리틸라리아, 라벤더

마디초

습지에서 자생하며 시원하게 뻗은 양치식물 마디초는 무더운 여름이 다가오면 많은 관심을 받는 식물이다. 점차 시간이 지나면 갈색으로 변해가는데 갈변한 마디초에 2~3송이 꽃을 더해준다면 집안에 고풍스러움을 더해줄 수 있는 그린소재이다.

마디초를 잘라 와인잔 입구를 가득 채워주고 긴 마디초에 와이어를 넣어 프레임을 만들어주는 작품을 제작했다. 높이 뻗은 마디초는 공간을 시원하게 만들어주며 모던한 공간에 포인트로 두면 파릇한 마디초가 집안에 동양적인 분위기를 풍겨준다.

재료 _ 마디초, 클레마티스

마디초

줄기에 뚜렷한 마디를 가진 마디초의 특징을 이용한 디자인이다. 낮은 수반에 마디초를 베이스로 사용하여 아름답게 수형을 잡아준 뒤 형태를 고정시키고 꽃 소재를 어레인지했다.

재료 _ 마디초, 반다, 물망초, 델피니움, 클레마티스, 안수리움, 이베리스, 스토크

망개 열매

낙엽덩굴식물인 청미래덩굴의 열매를 망개라고 한다. 여름에 꽃시장에 가면 인기 많은 그린 망개열매를 볼 수 있으며, 가을에는 빨갛게 익은 열매를 볼 수 있다. 덩굴식물로 줄기가 마디마다 굽으며 딱딱하여 유리 화병에 줄기 채로 꽂아주어도 좋다.

그린의 싱그러움이 돋보이는 망개열매 디자인이다. 망개열매를 한 단 사오면 열매가 자주떨어지곤 하는데 낱개로 떨어진 망개열매를 유리 화병에 담고 열매의 높이보다 조금 적게 물을 넣어 준 후 열매 틈 사이로 꽃을 어레인지했다.

재료 _ 망개열매, 라그라스, 흑종초, 마가렛, 마오리소포라, 다람쥐꼬리풀

초봄이 되면 꽃시장에 꽃봉오리가 달린 목련이 나온다. 많은 가지마다 달린 꽃봉오리는 물을 잘 올려주면 다 꽃을 피기 때문에 피어있는 꽃 상태로 구매하기보다는 봉오리 상태의 소재를 골라서 사용할 것을 추천한다.

목련

목련 나무는 많은 가지를 내며 가지마다 꽃이 피어 그 자체로도 너무 아름다운 꽃나무이다. 꽃나무 소재를 활용해 유리 화기에 꽃 하나하나를 모두 살릴 수 있도록 가로로 걸쳐주고 그 가로진 나뭇가지를 이용해 봄의 구근 식물 튤립을 세워 어레인지했다.

재료 _ 목련, 튤립

몬스테라

열대 식물 몬스테라는 인테리어 소품으로 많은 관심을 받고 있는 식물이다. 큰 잎의 잎맥 사이 사이에 타원형의 구멍이 뚫려 잎만으로도 멋진 공간연출이 가능하고, 꽃들을 폭 감싸줘 핸드타이드를 제작할 때 사용하기 좋다.

몬스테라 센터피스 그린소재 디자인이다. 몬스테라잎의 줄기를 잘라낸 후 여러 겹 겹쳐 화기에 넣고 돌로 고정한 뒤 몬스테라 사이에 포인트로 꽃 몇 송이 넣어주면 주거 공간, 상업 공간 어디에 두어도 이국적이고 멋스러운 인테리어를 할 수 있다.

재료 _ 몬스테라(카틀레야), 글로리오사, 다알리아, 클레마티스, 트리플룸

몬스테라

몬스테라잎은 앞 모습도 아름답지만 깃처럼 갈라지고 구멍이 있는 부분의 옆 모습도 표현하기 좋아 여러장 겹쳐 반으로 접은 후 화기 안에 넣고 작은 미니화기로 잎을 고정한 후 어레인지 했다.

재료 _ 몬스테라잎, 헬레보어, 유칼립투스열매, 호접란, 아미초, 왁스플라워

발사나무

발사나무는 미술재료에서 많이 쓰이는 나무이다. 나이테가 없고 상당히 가벼운 재질의 특성을 가지고 있어 모형을 만드는데 많이 사용된다. 화방 등에서 두께별로 판매하고 있어 용도에 맞게 구매할 수 있다.

얇은 발사나무에 습도를 주어 휘어준 후 다시 건조시켜서 나무 결에 가위집을 넣고 한 조각씩 끼워가며 베이스를 제작했다. 그 자체가 디자인이 될 수 있게 한 송이 꽃으로만 어레인지를 했다.

재료 _ 발사나무, 클레마티스

봄을 상징하는 벚나무는 꽃시장에서도 인기가 많은 꽃나무이다. 벚나무는 꽃이 필 시기에는 잎이 거의 없으며 꽃이 만개하면 금방 꽃잎이 떨어지기 시작하므로 디자인할 때 감안해서 사용해야 한다.

벚나무

벚나무에 벚꽃이 핀 상태의 나뭇가지에 가위집을 내어 화기에 고정시키듯 가로로 꽂아주었다. 물은 나뭇가지까지 닿을 수 있도록 채워주면 벚꽃까지 시들지 않고 함께 즐길 수 있다. 그 가지를 고정용으로 사용하여 프리틸라리아를 세워준다.

재료 _ 벚나무, 프리틸라리아

부들잎

부들잎은 부들과에 속하는 여러해살이 풀이다. 못이나 습지에 자리를 잡고 뿌리줄기를 옆으로 뻗으며 퍼져나가면서 곧은 줄기를 위로 올려 보내고 어린아이 키만큼 높이 자란다. 길게 자란 줄기를 다양하게 연출할 수 있어 그린소재로 많이 사용된다.

부들잎을 지오메트릭 폼의 삼각형으로 접어 대나무 곁가지로 고정한 후 사이 사이에 줄기가 얇은 꽃들로 어레인지했다.

재료 _ 부들잎, 코스모스(초코), 마타리, 클레마티스, 코스모스, 쥴풍선초, 루드베키아, 여름라일락, 아이비

송악은 한국에서 따뜻한 남쪽 지역에서 자생하는 아이비 속의 덩굴성 식물로 꽃 시장에서는 섬담쟁이라 불린다. 봄에 포도송이 같은 열매가 달리고 줄기가 두꺼워 잎을 잘 정리하여 사용하면 열매 소재로 사용하기 좋다.

섬담쟁이

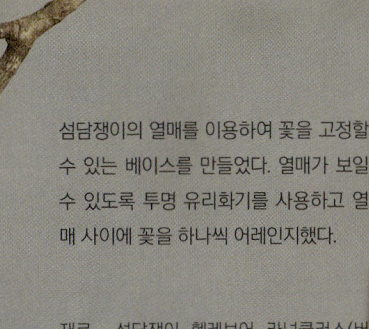

섬담쟁이의 열매를 이용하여 꽃을 고정할 수 있는 베이스를 만들었다. 열매가 보일 수 있도록 투명 유리화기를 사용하고 열매 사이에 꽃을 하나씩 어레인지했다.

재료 _ 섬담쟁이, 헬레보어, 라넌큘러스(버터플라이), 프리틸라리아

셀렘

셀렘은 대형 관엽식물로 종에 따라 잎의 형태가 제각기 달라 인테리어 소품으로도 많이 사용하는 소재이다. 그린소재로 사용하게 되면 유연한 줄기에 기교를 넣어서 곡선을 만들 수 있으며, 잎의 표정에 변화를 줄 수 있다.

작은 입구 화기에 대나무 곁가지로 셀렘 잎 두 장을 고정하고 꽃 한 송이를 함께 어레인지한 디자인이다. 그린소재를 활용하여 연출하는 플라워 디자인의 경우 덩어리감이 있는 꽃 여러 송이 보다는 줄기의 선이 살아있는 꽃 한두 송이만을 사용하여 셀렘 잎과 줄기가 지지가 되어 꽃을 돋보이게 할 수 있다.

재료 _ 셀렘, 라넌큘러스(버터플라이)

소나무는 한국, 일본, 중국 등지에 분포된 침엽상록수로 동양 꽃꽂이에서는 신년에 많이 사용되는 그린소재이다. 플라워 디자인에는 소나무를 그대로 사용하여 수형이 좋은 나무의 모습을 그대로 살려 어레인지먼트가 가능하며, 솔잎을 하나하나 뜯어 잎을 이용한 디자인에 활용할 수 있다.

소나무잎

소나무는 상록침엽수로 바늘같이 긴 잎의 형태의 솔 잎을 가지고 있다.
솔잎만 떼어 다발을 만들고 화기 입구에 빽빽히 넣어 고정시킨 후 호접란과 망개열 개를 어레인지했다.

재료_ 소나무잎, 호접란, 망개열매

소철

남부지역에서는 뜰에서 자라지만 온실이나 집에서 가꾸는 관상수이다. 원통형인 원줄기에는 가지가 없고 끝에서 많은 잎이 사방으로 퍼진다. 잎이 단단하고 깃털모양을 가지고 있어 그린소재 중 선과 면을 고루 사용할 수 있어 좋다.

수형의 아름다움이 공간을 고급스럽게 만들어 주는 센터피스 디자인이다. 잎 하나하나가 굉장히 단단한 깃털모양을 가진 소철은 잎을 이용해 꽃을 세우고, 줄기를 휘어 우아함을 강조해주는 것이 포인트다.

재료 _ 소철, 글로리오사, 아이리스

섬세한 잎이 방사형으로 퍼지는 억새과의 식물로, 얇은 선으로 된 잎은 보기에는 부드러워보이나 굉장히 힘이 있어 직선적인 디자인에도 사용이 가능하며 곡선을 내려면 마사지를 잘 해주어야 한다.

스틸그라스

얇고 긴 잎의 스틸그라스는 보기보다 단단하여 직선 또는 곡선 연출을 하기 좋은 식물이다. 휘어짐을 잘 활용하면서 가볍게 마사지하여 타원 형태를 만들고 외측으로 꽃을 어레인지 한 오벌스타일 디자인이다.

재료 _ 스틸그라스, 목수국, 모카라, 리시안셔스, 계요등, 아이비, 투베로사, 향등골, 클레마티스

엔카인셔스

엔카인셔스는 철쭉과의 식물로 봄에는 하얀 종 모양의 잔꽃이 피며 가을에는 단풍드는 낙엽성 꽃나무이다. 나뭇가지의 곁가지 선이 여러갈래로 뻗어 아름답고 유연하여 마사지 후 사용해 주면 좋다. 잎은 기존 철쭉보다 작은 잎으로 그린소재로 사랑받는 소재 중 하나이다.

등대철쭉 엔카인셔스는 유연하고 휘어짐이 좋다. 봄에 잎이 달려있는 상태로 잘 사용하고 남으면 드라이 소재로도 사용이 가능하다. 잘 마사지하여 형태를 잡기 좋으며 박주가리 씨앗으로 깃털 같은 효과를 연출할 수 있다.

재료 _ 엔카인셔스, 박주가리

엔카인셔스

모양을 다른 화이트 화기를 사용했다. 한쪽 화기에는 엔카인셔스의 부드러운 곁가지를 휘어 디자인으로도 사용하고 꽃을 고정하는 베이스로도 만들어 준 후, 다른 화기에 아네모네와 호엽란을 사용하여 엔카인셔스 부분에 걸치듯 어레인지 하였다.

재료 _ 엔카인셔스, 아네모네, 호엽란

옥잠화

옥잠화는 잎 모양이 넓고 시원해 보이기 때문에 부감으로 봤을 때도 잎의 형태가 뚜렷하게 보이며, 정면에서 바라봤을 때는 세로 선이 강조되어 어레인지에 풍성함과 분위기를 더해주기 때문에 그린소재로 많이 사용한다.

잎맥과 화기의 질감이 눈에 띌 수 있도록 잎을 접어서 사용했다. 옥잠화잎 안으로 들어가는 꽃들은 잎보다 눈에 띄지 않도록 낮은 채도의 꽃을 넣어주었다. 만약 다른 어레인지를 한다면 여름 그린소재를 이용하여 내추럴 핸드타이드를 잡는 것도 좋다.

재료 _ 옥잠화잎, 호접란, 맨드라미, 모나르다, 베로니카, 머루

옥잠화

좋은 사람들과 함께 나누어지는 자리를 빛나게 해줄 작은 센터피스, 그리너리 포인트 디자인이다. 옥잠화잎을 여러 겹 겹쳐 좌측과 우측에서 모아 입구 폭이 좁은 화기에 옥잠화잎을 넣어준 후, 중앙에 다알리아 한 송이를 꽂아 제작했다.

재료 _ 옥잠화잎, 다알리아

옥잠화

모던, 시크함을 느낄 수 있는 센터피스 디자인이다. 옥잠화잎의 라인이 돋보이게 좌우로 배치하고 대나무 곁가지로 고정한 뒤 다알리아와 투베로사를 조화롭게 어레인지했다. 그린소재를 베이스로 어레인지하면 꽃들이 도드라지는 효과를 볼 수 있다.

재료 _ 옥잠화(무늬), 다알리아, 투베로사

용수초의 기본 길이는 거의 1m 정도여서 부피감과 길이감을 나타내기 좋아 여름 꽃꽂이 소재로 많이 사용되고 있다. 용수초로 디자인한 작품은 단순한 소재로도 공간에 포인트를 주고 시원한 느낌을 연출할 수 있는 그리너리 포인트가 된다.

용수초

용수초의 긴 라인을 살리기 위해 다발로 만들어 주고 입구가 좁은 원형화기에 담았다. 용수초의 아름다움도 보여주는 동시에 꽃을 고정해주는 베이스로 활용했다. 용수초의 라인을 살려줄 수 있는 클레마티스를 한 줄 감아주었다.

재료 _ 용수초, 클레마티스

잎새란

꽃시장에서 잎새란이라고 부르는 이 식물은 얇고 길며 팽팽한 잎을 주로 감상하는 관엽식물, 신서란이다. 잎은 구릿빛, 그린에 흰무늬 등이 있으며 시원한 선을 강조하는 장식 디자인에 자주 사용되는 소재이다.

잎새란의 얇고 긴 형태를 이용하여 세 갈래로 꼬아 주듯이 접어 선을 강조하였다. 화기의 폭이 좁고 면적이 넓은 부분을 배경으로 삼아 잎새란을 강조해 라인을 만들어 주고 선을 따라 갈 수 있도록 클레마티스를 어레인지했다.

재료 _ 잎새란, 클레마티스

얇고 길게 뻗은 잎새란은 약간의 곡선을 이룬다. 한 장으로 있을 때보다 모아보면 그 휘어짐이 더 잘 드러나 보인다. 여러 장을 모아 입구가 좁은 화기에 꽂아준 후 대나무 곁가지로 고정해주고 튤립 한 송이를 어레인지 한다.

재료 _ 잎새란, 튤립, 대나무 곁가지

잎새란

잎새란을 이용하여 같은 소재 다른 기법으로 세 종류의 코사지를 제작했다. 어버이날 부모님 가슴에 달아드릴 코사지를 직접 골라 구매할 수 있도록 행잉으로 디스플레이 했다.

재료 _ 잎새란, 스위트피, 유칼립투스, 제라늄잎, 카네이션(솔로미오), 카네이션, 헬레보어

잎새란

곧고 길게 뻗은 잎새란의 특성을 살려주면서 시계초가 그 잎을 의지해 바로 설 수 있도록 어레인지 했다. 잎새란은 보이는 그대로 잎이 빳빳하고 매끈한 질감을 가지고 있고 수명이 길기 때문에 그리너리 포인트로 사용하기 좋은 소재이다.

재료 _ 잎새란, 시계초

잎새란

얇고 긴 잎새란 여러 겹을 가로세로로 얽어 준 후 낮은 사각 화기에 넣어 고정해 한 송이 꽃을 어레인지했다.

재료 _ 잎새란, 막실라리아

정글부쉬는 잎의 면적이 굉장히 넓고 높이가 거의 50cm 정도 되는 큰 잎으로 이국적인 분위기를 낼 수 있는 그린소재 중의 하나이다. 그린소재만을 모아 플라워 디자인에 사용해도 좋고, 큰 잎을 갈라 꽃을 어레인지먼트 할 베이스로도 사용 가능하다.

정글부쉬

그린소재와 한 송이 꽃을 함께 어레인지한 디자인이다. 대형 잎인 정글부쉬의 잎맥과 잎을 분리하고 잎을 접은 후 두꺼운 잎맥에 가위집을 낸 뒤 화기에 함께 고정했다.

재료 _ 정글부쉬, 클레마티스, 투베로사

종려나무잎

제주에서 관상용으로 볼 수 있는 종려나무잎은 원줄기 끝에 둥글게 달려 50~80cm로 부챗살 모양으로 갈라져 있다. 단단한 잎의 형태로 여러 가지 다양한 디자인에 활용할 수 있으며 자연소재 꽃다발 포장에도 빼놓을 수 없는 좋은 소재 중 하나이다.

종려나무잎으로 간단하게 포장한 자연소재 핸드타이드를 제작했다. 집에 돌아가서도 그대로 유리 화병에 꽂아 테이블 데코로도 사용할 수 있어 두 가지의 느낌을 감상할 수 있다는 장점이 있는 상품이다.

재료 _ 종려나무잎, 금낭화, 암대극, 설구화

종려나무잎의 단단한 잎자루 부분을 제거하고, 잎의 끝 부분을 사용할 화기의 지름보다 넓게 잘라낸다. 입구가 넓은 수반에 여러 겹 겹쳐 두른 후 돌로 고정하고 사이사이에 꽃을 어레인지한다.

재료 _ 종려나무잎, 글로리오사, 오가피

종려나무잎

종려나무잎

종려나무잎을 강조하기 위해 유리 워터픽을 꽂은 뒤 스위트피를 어레인지한 그린소재 디자인이다. 부채형의 종려나무잎은 종류마다 두께감과 잎의 갈래 모양이 다르지만 갈래가 적고 단단해 그 자체만으로도 멋스러운 그리너리 포인트가 된다.

재료 _ 종려나무잎, 스위트피, 클레마티스

실내 인테리어와 잘 어울리는 공기정화식물 코코스야자잎은 얇고 긴 잎의 특성을 그대로 살려 이국적인 그린소재 어레인지먼트에 사용할 수 있으며 잎의 면적을 사용해 꽃을 고정할 수 있는 베이스로 활용이 가능하다.

코코스야자잎

실내 인테리어와 잘 어울리는 공기정화 식물, 코코스야자 잎을 사용한 디자인이다. 아래쪽 잎자루를 잘라 가로질러 고정시키고, 쭉 뻗은 잎의 형태를 유지하며 작약과 스위트피를 버티컬라인으로 디자인했다.

재료 _ 코코스야자잎, 작약, 스위트피

콩고잎

필로덴드론 콩고잎은 관엽식물 중 공기정화식물로도 잘 알려져 화분으로 많이 키우는 식물이다. 잎이 크고 도톰하며 광택이 있어 존재감이 확실한 그린 어레인지먼트나 잎을 강조하는 디자인에 활용하면 좋다.

콩고잎을 여러 장 겹쳐 대나무 곁가지로 집어주고 사이에 꽃을 넣어준 디자인이다. 밋밋하고 심심한 공간에 콩고잎 한두 장과 꽃을 이용해 연출한다면 잎이 주는 쨍한 채도로 공간에 활기가 생기며 화사하고 싱그러운 공간 인테리어를 할 수 있다.

재료 _ 콩고잎, 다알리아, 석죽, 칼라

열대 원산의 파초는 관엽 식물로 남부지방에서 볼 수 있으며 바나나와 그 모습이 같다. 잎은 긴 타원형으로 길이 약 2m까지 자란다. 보기보다 잎이 얇고 잔 곁맥이 평행으로 있어서 찢어지기 쉬우므로 결을 따라 찢어서 사용하는 디자인이나 넓은 면적을 잘 이용하는 디자인에 사용한다.

파초잎

긴 타원형의 파초잎은 보기보다 얇지만 잎맥의 힘으로 입구가 좁은 화기에 세워 잎의 형태를 보일 수 있도록 잎 면을 앞으로 하고 몇 개의 원을 오려 그 틈새로 꽃을 볼 수 있도록 어레인지했다.

재료 _ 파초잎, 다알리아, 시계초, 클레마티스

편번

편번은 부채형으로 넓게 펼쳐진 여러 장의 잎의 형태가 아름다운 식물이다. 기울어진 수형이 매력적이며 플라워 어레인지에서는 포인트로 사용되기도 한다.

편번의 형태감을 살리기 위해 유리화기에 모양 그대로 잡아주어 유리화기에서도 잎의 형태감을 즐길 수 있도록 디자인했다. 잎을 그대로 두어 꽃을 고정하는 베이스로 사용하고 글로리오사 한 대를 꽂아 우아한 느낌을 연출한 그린소재디자인이다.

재료 _ 편번, 글로리오사

둘이 모여 하나가 된 그리너리 포인트 디자인이다. 호엽란에 커브를 주어 모양을 낸 후 입구가 좁은 미니 화병 안에 꽂은 뒤 다른 화기에 호접란을 잠아 호엽란선에 걸치듯 어레인지 했다.

재료 _ 호엽란, 호접란

호엽란

호엽란

길쭉한 잎을 가진 호엽란은 말아 올리면 곡선이 잘 표현되어 다양한 어레인지 방식으로 활용할 수 있다. 뿐만 아니라 자연소재 꽃다발 포장 시에 묶는 용도로 사용이 가능하며 낮은 화기에 모양을 만들어 꽃을 고정하는 역할로도 사용할 수 있다.

호엽란을 이용해 그린어레인지먼트 핸드타이드 부케를 제작했다. 메인꽃 아이리스를 중심에 잡아주기 위해 호엽란을 새 둥지처럼 말아주고, 약간의 생동감을 주기 위해 호엽란이 살짝 튀어나올 수 있도록 연출했다.

재료 _ 호엽란, 아이리스

선물할 때 인기가 많은 꽃 호접란은 꽃도 너무 아름답지만, 잎 또한 싱그러운 그린의 시크한 매력이 멋스럽게 보여 그린소재로 많이 사용되고 있다. 호접란 잎으로 디자인한 작품을 주방 식탁이나 거실 테이블에 디스플레이 한다면 한층 더 우아해진 집안을 느낄 수 있다.

호접란잎

집안 콘솔에 올려놓기 좋은 그리너리포인트 디자인이다. 호접란의 잎을 샴페인 글라스에 여러 장 겹쳐 움직이지 않도록 넣어주고 그 틈으로 헬레보어를 꽂은 뒤 포인트로 딸기 한 송이를 얹어 그린소재 디자인을 완성했다.

재료 _ 호접란잎, 헬레보어, 딸기

흙

흙으로 오브제를 만들어 사용해도 좋고 사용하지 않는 화기에 흙을 발라 새로운 형태의 오브제로 만들어 꽃과 함께하여도 좋다.

점토 흙에 일반 흙을 함께 섞어 거친 느낌을 주었다. 가로 폭이 길고 세로 폭이 좁고 낮은 화기에 철망을 만들어 화기의 반 정도를 덮어준 후 철망이 보이지 않도록 점토흙을 화기에 덮어준다. 흙이 마르면서 자연스러운 갈라짐이 나타나고 안에 빈 공간에 버티컬 라인으로 꽃을 어레인지했다.

재료 _ 흙, 거베라, 호접란, 클레마티스, 좀작살나무, 줄풍선초, 목수국

그린소재의 특징은 심플하고 모던한 분위기를 낼 수 있으며, 개성적이고 시원한 느낌을 줄 수 있다. 꽃을 돋보이게 하던 그린소재들만으로 어레인지를 하려면 같은 그린 속에서도 색감, 질감의 차이를 주어 조화롭게 어레인지한다.

그린소재 어레인지먼트

입구가 좁은 원통 유리 화기에 샴페인글라스를 거꾸로 넣어준 후 화기를 가려줄 무늬엽란을 긴 화기 안에 넣어주었다. 화기와 화기 사이에 그린소재를 넣어가며 질감을 살려 어레인지먼트 하였다.

재료 _ 종려나무잎, 엽란, 대국도, 진달래, 망개, 스모크트리, 아스틸베(잎), 클레마티스(줄기)

그린 소재 어레인지먼트

높이 2cm 정도의 미니 도자기를 종류별로 모아 사각의 화기를 가로질러 그 위에 올려주었다. 작은 꽃 한 송이씩 넣어 하나의 디자인이 되도록 어레인지먼트 하였다.

재료 _ 벚꽃, 수사해당화, 물망초, 스위트피, 냉이초, 은방울 수선화, 코스모스, 은엽, 델피니움, 겹매발톱

입구가 좁은 미니화병에 꽃 한 송이를 그냥 꽂아 주어도 좋지만 약간의 디자인감을 살리기 위한 하나쿠바리 테크닉으로 한 쪽에는 콩란을 넣어 늘어뜨려주고 꽃을 고정할 수 있도록 한 뒤 물망초를 넣어주었다. 한쪽 미니화기에는 타이거베고니아 잎을 넣어 모양을 낸 후 칼랑코에를 작게 곁들여주었다.

재료 _ 콩란, 물망초, 타이거베고니아, 칼랑코에

그린소재어레인지먼트

그린 소재 어레인지먼트

미니 소이캔들을 이용한 캔들 센터피스이다. 입구가 좁고 작은 앤틱 철제화기에 리스틀을 이용해 공간을 넓혀주고 작은 소품 캔들과의 밸런스를 맞추기 위해 그린계열의 작은 식물들을 어레인지했다.

재료 _ 냉이초, 흑종초, 그린벨, 겹매발톱 봉우리, 립살리스

여러 종류의 그린소재만을 사용하여 유리 화병꽃이를 완성했다. 마가목 열매와 나뭇가지로 화병 입구 부분을 가로질러 고정한 후 다른 소재들을 하나씩 걸쳐가며 어레인지했다. 투명한 유리화병 안으로 줄기나 나뭇가지가 들어가지 않아 청량감을 더해 준다.

재료 _ 마가목, 연밥, 히어리, 미국자리공, 안스리움, 시계초

그린소재 어레인지먼트

part.2

꽃다발 디자인

'꽃다발' 하면 떠오르는 포장지에 쌓인 꽃이 아닌,
잎소재로 만든 색다른 꽃다발을 디자인했습니다.
포장지까지 하나의 작품이 될 수 있고
별도의 쓰레기를 만들지 않은 친환경적인 꽃다발을
지금 만나보세요.

대
국
도

대국도는 이국적인 분위기의 그린소재로 많이 사용된다. 곧게 뻗은 부들잎과 곡선을 살려준 알리움, 매끄러운 이미지의 칼라를 그룹핑해 간결하게 매치하고 라인을 강조한 모던 스타일 꽃다발이다. 바인딩 포인트에 광택이 있고 도톰한 대국도로 리본을 대신해 감아주었다.

재료 _ 대국도, 부들잎, 칼라, 알리움, 칼라잎

대국도

큰 크기의 대국도를 사용했다. 웨이브 진 잎의 모습을 그대로 표현하기 위해 바인딩 포인트 아래 스템 부분뿐만 아니라 꽃다발의 윗부분 쪽에도 대국도의 잎자루 부분이 보이도록 거꾸로 잡아 준 꽃다발이다.

재료 _ 대국도, 무늬호엽란, 수국, 아스파라거스, 과꽃, 여름라일락, 시레네

정글부쉬

정글부쉬는 잎의 면적이 매우 넓고 높이가 거의 50cm 정도 되는 큰 잎으로 존재감이 크다. 잎 전체를 사용하여 꽃다발을 감싸듯 제작한 꽃다발은 자연스러운 그린 색감을 보여주기 위해 헬레보어를 메인으로 사용하여 디자인하였다.

재료 _ 정글부쉬, 스틸글라스, 곱슬버들, 헬레보어

정글부쉬

정글부쉬의 넓은 옆 모습을 그대로 노출했다. 꽃을 사용하지 않고 질감과 모양 그리고 색이 다른 그린소재만을 사용한 소재 꽃다발이다. 넓고 긴 정글부쉬의 잎맥을 중심으로 꽃다발의 형태도 세로로 접힌 모양으로 라인을 따라 내려준다.

재료 _ 정글부쉬, 능수버들, 동백, 도도네아, 산호수, 호랑가시나무, 유칼립투스, 유칼립투스(열매), 베고니아(타이거), 아이비, 시스타펀, 아디안텀

종려나무잎

작고 아담하게 튤립, 헬레보어로 포인트를 준 꽃다발에 종려나무잎으로 스템을 길게 하여 감싸 준 꽃다발이다. 긴 스템의 종려나무 부분을 더 강조하기 위해 능수버들로 고정용을 더해 두 곳의 바인딩 포인트를 주었다.

재료 _ 종려나무잎, 능수버들, 헬레보어, 튤립, 아이비, 비브리움, 정태나무

종려나무잎

종려나무잎의 특징인 부채형 라운드의 형태감이 좋아 그대로 배경으로 사용한 프레젠테이션 꽃다발이다. 또 스템 포장까지 같은 종려나무잎을 사용하여 윗부분과 연결성이 있도록 제작하고 단단한 잎자루가 높이를 낼 수 있는 포인트가 되어 그대로 사용하였다.

재료 _ 종려나무잎, 호엽란, 반다, 장미(블랙뷰티), 알스트로메리아, 트리플륨

엽란

크기가 큰 엽란과 잎자루를 포인트로 주었다. 스파이럴로 잡은 꽃다발 위쪽으로 엽란과 잎자루를 휘어준 후 바인딩 포인트 부분에서 모아주었다. 꽃다발의 아랫부분 스템까지 연장된 이미지로 같은 엽란을 사용하여 자연소재 래핑한 꽃다발이다.

재료 _ 엽란, 제라늄, 펠라고니움(시도이데스), 실버레이스, 로즈마리

엽란

수국으로 흐름을 준 파스텔 톤의 꽃다발이다. 뒤쪽은 약간 플랫하게 되도록 반스파이럴로 꽃다발을 잡아주고 스템을 감싸줄 엽란의 잎자루를 함께 사용하여 커브를 준 후 바인딩 포인트에 함께 고정해 준 후 와이어페이퍼로 리본을 만들어 주었다.

재료 _ 엽란, 수국, 옥스퍼드, 비스카리나, 부플리움, 비브리움, 소국

엽란을 반으로 접어 반달 모양을 만들어주고 반대쪽으로는 다발을 만들고 줄기 부분을 다른 잎으로 커핑하여 삼각 구도를 보이도록 구성하였다. 잎 소재를 이용해 콘 모양을 강조하고 잎 주변으로 꽃을 피어나듯이 표현하였다.

재료 _ 엽란, 반다, 수국, 리시안셔스, 델피니움, 호엽란, 드라세나

엽란

돈나무를 배경으로 그린 컬러감을 많이 낸 프레젠테이션 꽃다발이다. 돈나무의 그린색감에 어울릴 수 있도록 장미 등 꽃 소재를 레드 계열로 맞춰주었다. 푸릇한 느낌이 나는 꽃다발에 어울리도록 스템을 엽란으로 감싸주고 곱슬버들로 고정한다.

재료 _ 엽란, 능수버들, 돈나무, 장미(블랙뷰티), 페니쿰, 알스트로메리아, 스키미아

엽란

잎새란의 길게 뻗은 라인과 안스리움 그리고 안스리움 잎을 사용하여 길게 쭉 뻗은 버티컬 라인으로 제작한 꽃다발이다. 시계초로 흐름을 잡아준 그린소재 꽃다발이다.
스템은 엽란을 반으로 접어 아랫부분을 넓게 그대로 펼쳐주고 바인딩 포인트 부분에서 모아주어 전체적인 안정감을 주도록 하였다.

재료 _ 엽란, 능수버들, 잎새란, 안스리움, 시계초, 안스리움잎

드라세나잎 - 홍죽

옥스퍼드, 아이리스, 알스트로메리아 세 그룹으로 그룹핑한 라운드 스타일 꽃다발에 엄브렐라펀을 그린 포인트로 넣었다. 옥스퍼드의 자색에 맞추어 자연소재 래핑은 홍죽으로 감싸 통일감을 준 꽃다발이다.

재료 _ 드라세나잎(홍죽), 곱슬버들, 엄브렐라펀, 옥스퍼드, 아이리스, 알스트로메리아, 스위트피

몬스테라잎

눈에 확 띄는 확실하고 강렬한 이미지를 좋아하는 2-30대의 취향을 겨냥해 기프트&플라워 콘셉트로 제작했다. 전체적으로 내추럴하고 이국적인 느낌을 주는 꽃들을 사용하고 블루, 오렌지, 그린을 균일한 비율로 그룹핑해 모던함과 싱그러움을 함께 전달한다. 선물을 안고 있는 듯한 모양으로 꽃을 잡았다.

재료 _ 몬스테라잎, 델피니움, 투베로사, 부플리움, 팔손이

풍성하고 시원한 여름의 분위기로 라운드 스타일 꽃다발을 잡고 종려나무잎과 몬스테라잎을 이용해 라운드를 둘러준 꽃다발이다.

재료 _ 몬스테라잎, 종려나무잎, 수국, 거베라, 도라지, 줄풍선초, 튤립, 아미초

수크령

플루토잎과 수크령 다발만을 넣어 간단하고 풍성하게 제작한 대형 핸드타이드 디자인이다. 그린소재들만을 이용해서 자칫 심플해 보일 수 있지만 사방으로 퍼진 수크령잎이 심심함을 덜어주고 리듬감을 더해준다.

재료 _ 수크령, 플루토

옥잠화는 넓은 잎을 가지고 있어 꽃받침처럼 꽃을 더 돋보일 수 있도록 디자인이 가능하다. 옥잠화잎의 잎자루와 칼라의 줄기가 길게 뻗은 모습이 아름다워 스템을 길게 사용하는 디자인의 꽃다발이다.

재료 _ 옥잠화잎, 칼라, 은단나무(열매)

옥잠화잎

코코스야자잎

빗살무늬가 아름다운 코코스야자잎을 정면으로 배치하기 위해 큰 코코스야자잎을 접어 그 안에 꽃다발을 넣어준 후 페이퍼 와이어 리본으로 고정했다. 코코스야자 잎자루 부분이 드러날 수 있도록 뒷부분을 높여주었다.

재료 _ 코코스야자잎, 카네이션, 프리틸라리아, 물망초, 트리플륨, 알케밀라몰리스

콩고잎

콩고잎과 그린잎을 많이 사용해 장미의 존재감을 강하게 부각시킨 디자인이다. 콩고잎은 면적이 넓어 스파이럴로 꽃다발을 잡은 후 외측으로 넣어주고 연결감이 있도록 안스리움, 동백잎 등으로 자연스럽게 공간을 메꿔주었다.

재료 _ 콩고잎, 장미(카푸치노), 자스민, 아이비, 드라세나(마지나타), 안스리움, 동백잎, 대국도, 아스파라거스, 엽란, 능수버들

콩고잎

콩고잎을 메인 스템 포장용으로 사용하고 엽란은 잎자루 부분을 포인트로 준 꽃다발이다. 콩고잎은 도톰한 질감과 광택 그리고 앤틱한 색감이 있어 꽃을 선택할 때 반다와 같이 질감이 도톰한 꽃을 사용함으로써 일체감을 줄 수 있다.

재료 _ 콩고잎, 엽란, 수국, 반다, 장미, 모카라, 미니루드베키아, 휴케라

part.3

그린소재 테이블데코

특별한 날을 기념할 때나
어느 날 분위기를 바꾸고 싶을 때
테이블 위에 꽃 한송이를 준비해보세요.
또는 그 이상의 소재들로 꾸며진 공간 장식을 보며
아이디어를 얻어보세요.

플라워테이블

꽃으로 꾸며 놓은 식탁에 앉으면 사랑스러운 대화가 끊이질 않고 계속될 것만 같다. 러블리한 색감을 살리기 위해 플레이트와 볼은 화이트로 통일하였다.

재료 _ 튤립, 수국, 부풀리움, 뉴코코리네, 석무초, 아미초, 비브리움, 아네모네, 라넌큘러스, 말채나무

그린소재 테이블 데코 099

모던 심플 숲울림 코사지 I

카네이션 코사지는 어버이날 가장 많이 찾는 상품이다. 나뭇잎을 베이스로 하여 올드해 보이지 않게 제작하였다. 잎새란을 넥타이처럼 만들고 그 안에 작은 시약병을 꽂아주어 몬스테라와 종려나무잎을 꽂을 수 있게 하였다. 잎 뒤편에 옷핀을 붙여 부모님 가슴에 달아 드릴 수 있다.

재료 _ 카네이션, 몬스테라, 스위트피, 유포르비아, 왁스플라워, 담쟁이열매, 잎새란, 종려나무잎

모던 심플 숲울림 코사지 II

엽란과 대나무를 이용한 미니 카네이션 꽃다발이다. 포장까지 해 놓으면 엽서를 고르듯 원하는 색상의 카네이션을 골라 바로 가지고 갈 수 있어서 좋다.

재료 _ 카네이션, 스위트피, 유포르비아, 엽란, 대나무, 한지

한 송이를 위한 화기꽂이, 앞뒷면이 개성 넘치는 화기꽂이

한 송이만을 위한 디자인으로 꽃의 특징을 잡아 베이스를 꾸며주었다. 한 송이만으로도 충분히 그 아름다움을 표현할 수 있지만 여러 개를 모아 놓으면 멋지게 공간을 꾸며주기에 부족함이 없다. 열매, 나뭇가지, 잎 등으로 꽃을 고정해주었다.

재료 _ 알리움, 클레마티스, 작약, 망개, 엽란, 수레국, 옥잠화잎, 칼라, 엽란

그린소재 테이블 데코

크리스마스 테이블러너

크리스마스 파티에 어울릴 테이블 장식으로 크리스마스의 자연소재를 이용하여 테이블러너를 만들었다. 편백과 블루버드를 베이스로 하여 나뭇가지와 미니사과, 석류, 아보카도 등으로 포인트를 주었다.

재료 _ 편백, 블루버드, 오리목, 마가목, 미니사과, 석류, 아보카도, 호랑가시나무, 스모크트리잎

크리스마스 갈란드와 테이블 장식

크리스마스 파티에 어울릴 만한 크리스마스 갈란드 벽 장식과 테이블 디자인이다. 갈란드 제작 후 레드 리본을 길게 늘어뜨려 포인트를 주고 테이블 장식은 갈란드의 레드 리본과 이어지는 느낌의 테이블 러너(레드)로 깔아주고 우두 접시를 이용해 케이크 주변을 블루버드와 나도밤나무 열매로 어레인지했다.

재료 _ 갈란드, 비단향, 블루버드, 오크, 나도밤나무열매, 삼나무, 장미열매

그린소재 테이블 데코

그린소재를 이용한

정혜원의
플라워 디자인

발행일	2023년 2월 25일 초판 1쇄 발행
지은이	정혜원
펴낸이	이지영
편 집	임한나
디자인	Design Bloom 이다혜, 안규현
펴낸곳	도서출판 플로라
등 록	2010년 9월 10일 제 2010-24호
주 소	경기도 파주시 회동길 325-22
전 화	02.323.9850
팩 스	02.6008.2036
메 일	flowernews24@naver.com

ISBN 979-11-90717-76-2

이 책은 저작권법에 의해 보호받는 저작물이므로
도서출판 플로라의 서면 동의 없이는 복제 및 전사할 수 없습니다.